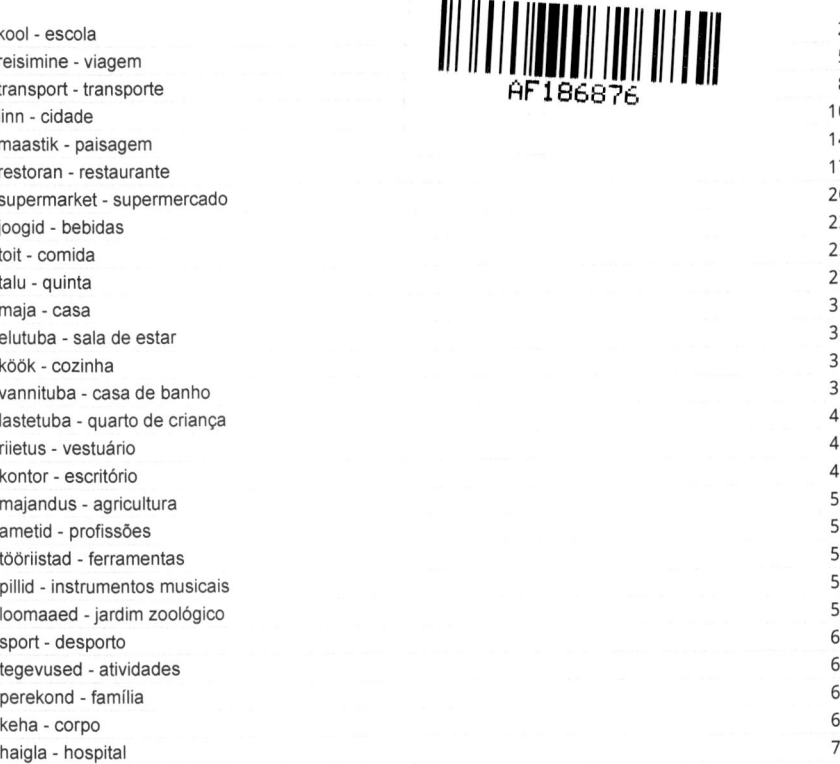

AF186876

Impressum
Verlag: BABADADA GmbH, Nedderfeld 112 , 22529 Hamburg
Geschäftsführer / Verlagsleitung: Harald Hof
Druck: Books on Demand GmbH, In de Tarpen 42, 22848 Norderstedt

Imprint
Publisher: BABADADA GmbH, Nedderfeld 112 , 22529 Hamburg, Germany
Managing Director / Publishing direction: Harald Hof
Print: Books on Demand GmbH, In de Tarpen 42, 22848 Norderstedt, Germany

kool
escola

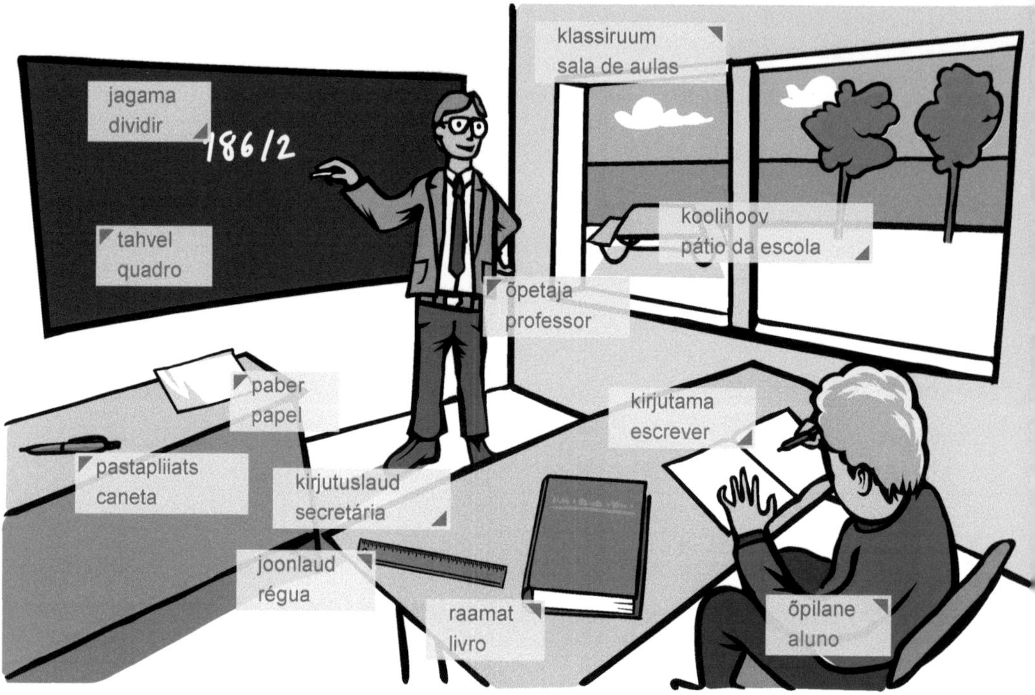

klassiruum
sala de aulas
jagama
dividir
186/2
tahvel
quadro
koolihoov
pátio da escola
õpetaja
professor
paber
papel
kirjutama
escrever
pastapliiats
caneta
kirjutuslaud
secretária
joonlaud
régua
raamat
livro
õpilane
aluno

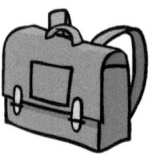

koolikott

mochila

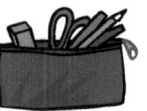

pinal

estojo de lápis

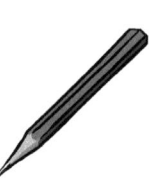

harilik pliiats

lápis

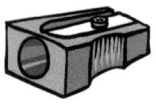

pliiatsiteritaja

afia-lápis

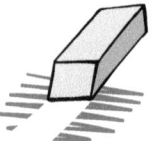

kustukumm

borracha

joonistusplokk

bloco de desenho

joonistus

desenho

pintsel

pincel

värvikarp

caixa de tintas

käärid

tesoura

liim

cola

töövihik

livro de exercícios

kodutöö

trabalhos de casa

number

número

liitma

somar

lahutama

subtrair

korrutama

multiplicar

arvutama

calcular

täht

letra

tähestik

alfabeto

sõna

palavra

tekst

texto

lugema

ler

kriit

giz

koolitund

hora

klassipäevik

registo de presenças

eksam

exame

tunnistus

certificado

koolivorm

uniforme escolar

haridus

educação

entsüklopeedia

enciclopédia

ülikool

universidade

mikroskoop

microscópio

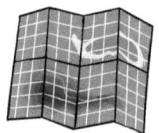

kaart

mapa

paberikorv

cesto de lixo

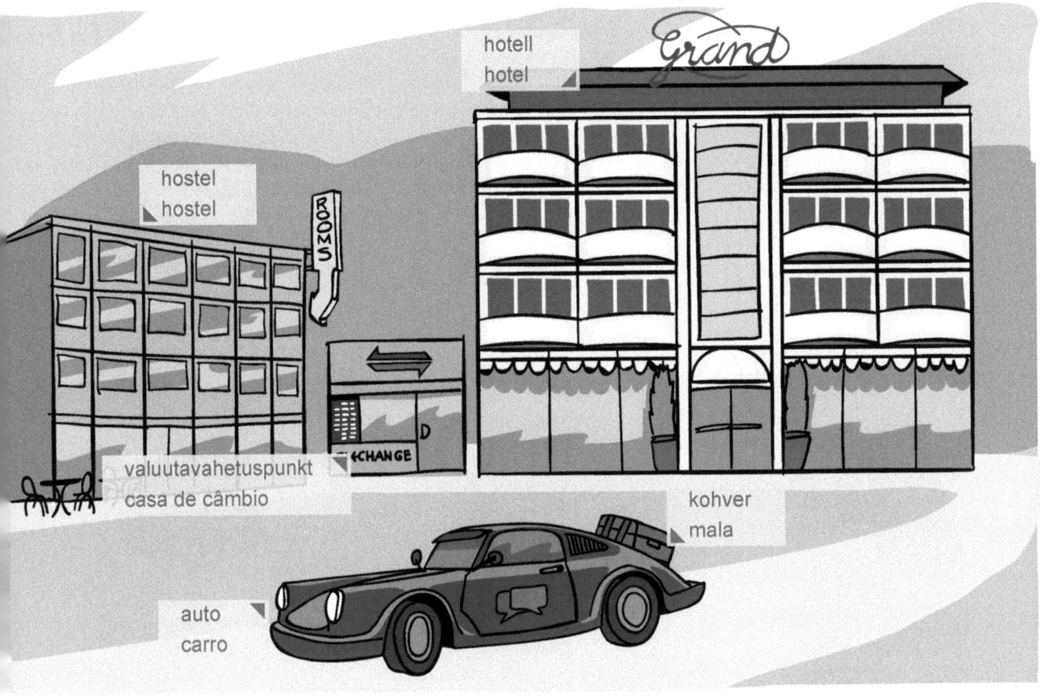

hotell
hotel
Grand
hostel
hostel
ROOMS
valuutavahetuspunkt
casa de câmbio
kohver
mala
auto
carro

keel

idioma

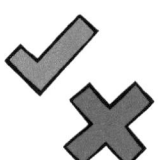

jah / ei

sim / não

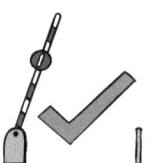

okei

ok / certo / correto

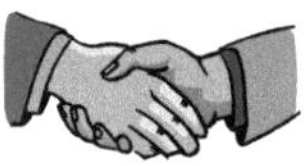

Tere!

olá

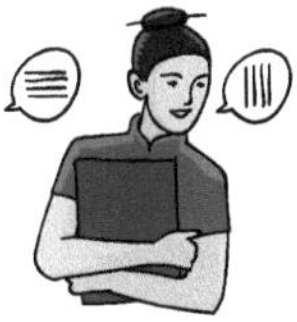

tõlk

intérprete

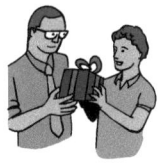

Aitäh!

obrigado

Kui palju maksab ...?

quanto é que custa... ?

Ma ei saa aru

não entendo

probleem

problema

Tere õhtust!

boa noite!

Tere hommikust!

Bom dia!

Head ööd!

Boa noite!

Head aega!

adeus

suund

direção

pagas

bagagem

kott

saco

seljakott

mochila

külaline

convidado

tuba

quarto

magamiskott

saco-cama

telk

tenda

turismiinfo

informação turística

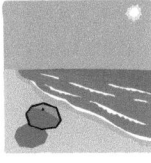

rand

praia

krediitkaart

cartão de crédito

hommikusöök

pequeno-almoço

lõunasöök

almoço

õhtusöök

jantar

pilet

bilhete

lift

elevador

postmark

selo postal

riigipiir

fronteira

toll

alfândega

saatkond

embaixada

viisa

visto

pass

passaporte

transport
transporte

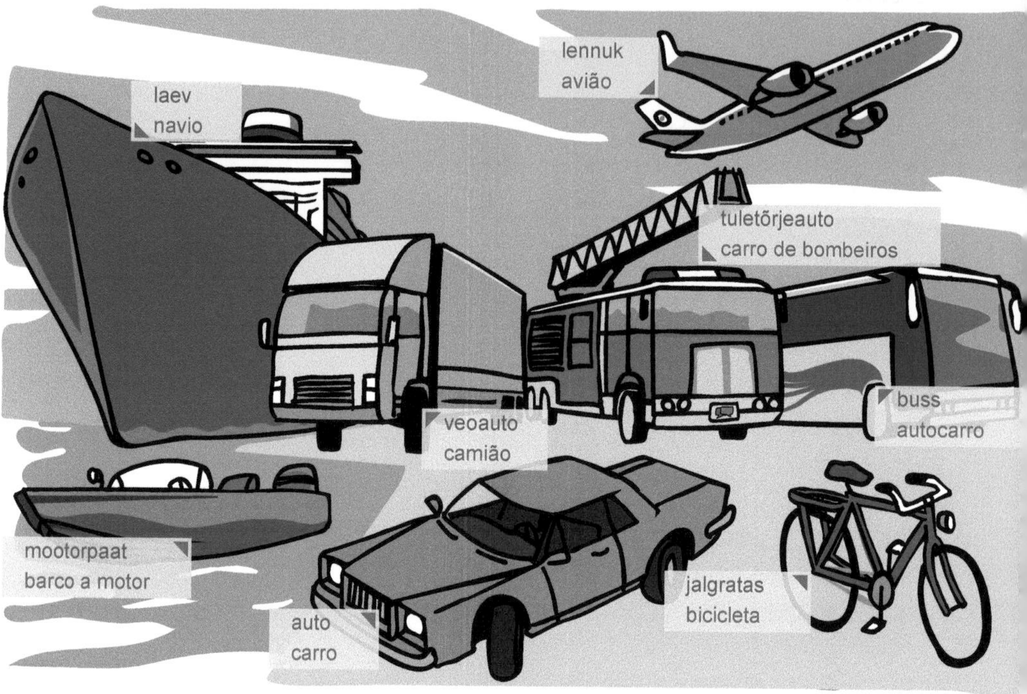

lennuk
avião
laev
navio
tuletõrjeauto
carro de bombeiros
buss
autocarro
veoauto
camião
mootorpaat
barco a motor
jalgratas
bicicleta
auto
carro

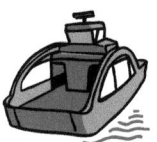

praam
cacilheiro

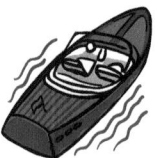

paat
barco

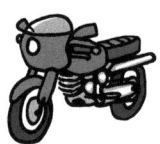

mootorratas
mota

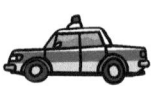

politseiauto
carro de polícia

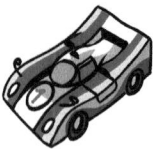

võidusõiduauto
carro de corrida

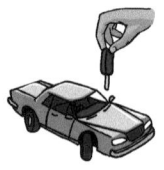

rendiauto
carro alugado

ühisauto

carsharing

puksiirauto

camião de reboque

prügiauto

camião do lixo

mootor

motor

kütus

combustível

tankla

estação de serviço

liiklusmärk

sinal de trânsito

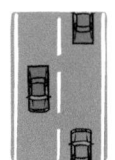

liiklus

trânsito

liiklusummik

congestionamento de trânsito

parkla

parque de estacionamento

raudteejaam

estação ferroviária

rööpad

carris

rong

comboio

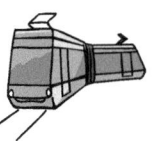

tramm

elétrico

vagun

carruagem

helikopter
helicóptero

lennujaam
aeroporto

torn
torre

reisija
passageiro

konteiner
contentor

pappkast
caixa de papelão

käru
carrinho

korv
cesto

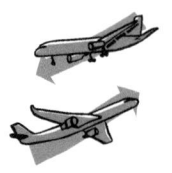

õhku tõusma / maanduma
levantar voo / aterrar

linn

cidade

küla
aldeia

kesklinn
centro da cidade

maja
casa

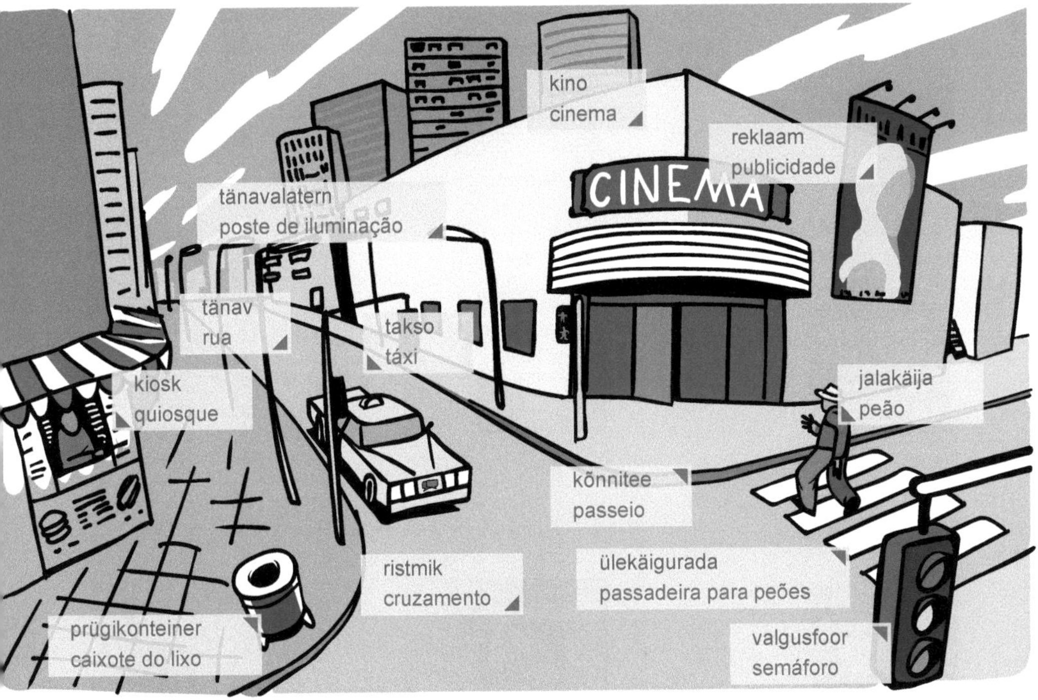

kino
cinema

reklaam
publicidade

tänavalatern
poste de iluminação

tänav
rua

takso
táxi

CINEMA

jalakäija
peão

kiosk
quiosque

könnitee
passeio

ristmik
cruzamento

ülekäigurada
passadeira para peões

prügikonteiner
caixote do lixo

valgusfoor
semáforo

osmik
cabana

kortermaja
apartamento

raudteejaam
estação ferroviária

raekoda
câmara municipal

muuseum
museu

kool
escola

ülikool

universidade

pank

banco

haigla

hospital

hotell

hotel

apteek

farmácia

kontor

escritório

raamatupood

livraria

kauplus

loja

lillepood

florista

supermarket

supermercado

turg

mercado

kaubamaja

loja de departamentos

kalapood

peixaria

kaubanduskeskus

centro comercial

sadam

porto

park
parque

pink
banco

sild
ponte

trepp
escadas

metroo
metro

tunnel
túnel

bussipeatus
paragem de autocarro

baar
bar

restoran
restaurante

postkast
caixa de correio

tänavasilt
sinal de trânsito

parkimisautomaat
parquímetro

loomaaed
jardim zoológico

ujula
piscina

mošee
mesquita

talu

quinta

reostus

poluição

surnuaed

cemitério

kirik

igreja

mänguväljak

parque infantil

tempel

templo

maastik

paisagem

leht
folha

teeviit
placa de sinalização

tee
caminho

aas
prado

kivi
pedra

puu
árvore

matkaja
caminhantes

jõgi
rio

rohi
relva

lill
flor

org
vale

mägi
montanha

järv
lago

mets
floresta

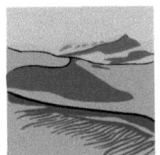

kõrb
deserto

vulkaan
vulcão

linnus
castelo

vikerkaar
arco-íris

seen
cogumelo

palm
palma

sääsk
mosquito

kärbes
mosca

sipelgas
formiga

mesilane
abelha

ämblik
aranha

mardikas

besouro

konn

sapo

orav

esquilo

siil

ouriço

jänes

lebre

öökull

coruja

lind

pássaro

luik

cisne

metssiga

javali

hirv

veado

põder

alce

pais

barragem

tuuleturbiin

turbina eólica

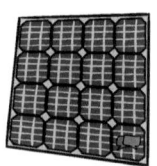

päikesepaneel

painel solar

kliima

clima

restoran
restaurante

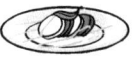

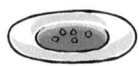

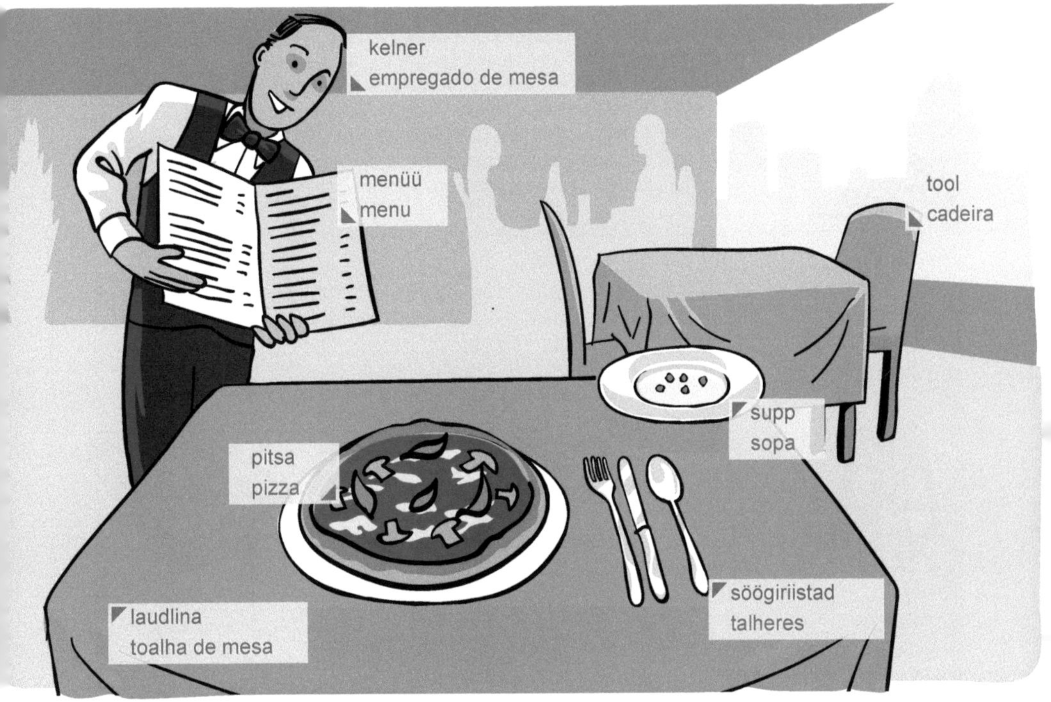

kelner
empregado de mesa
menüü
menu
tool
cadeira
supp
sopa
pitsa
pizza
söögiriistad
talheres
laudlina
toalha de mesa

eelroog

entrada

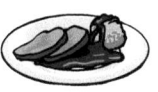

pearoog

prato principal

magustoit

sobremesa

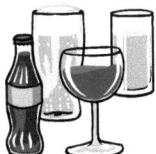

joogid

bebidas

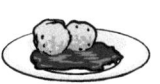

toit

comida

pudel

garrafa

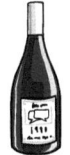

kiirtoit

fast food

tänavatoit

comida de rua

teekann

bule de chá

suhkrutoos

açucareiro

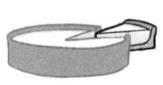

portsjon

porção

espressomasin

máquina de café expresso

lastetool

cadeira alta

arve

conta

kandik

bandeja

nuga

faca

kahvel

garfo

lusikas

colher

teelusikas

colher de chá

salvrätik

guardanapo

klaas

copo

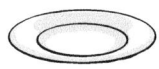

taldrik
prato

supitaldrik
prato de sopa

alustass
pires

kaste
molho

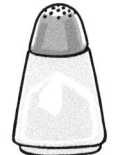

soolatoos
saleiro

pipraveski
moinho de pimenta

äädikas
vinagre

õli
óleo

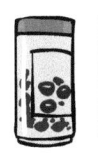

vürtsid
especiarias

ketšup
ketchup

sinep
mostarda

majonees
maionese

supermarket

supermercado

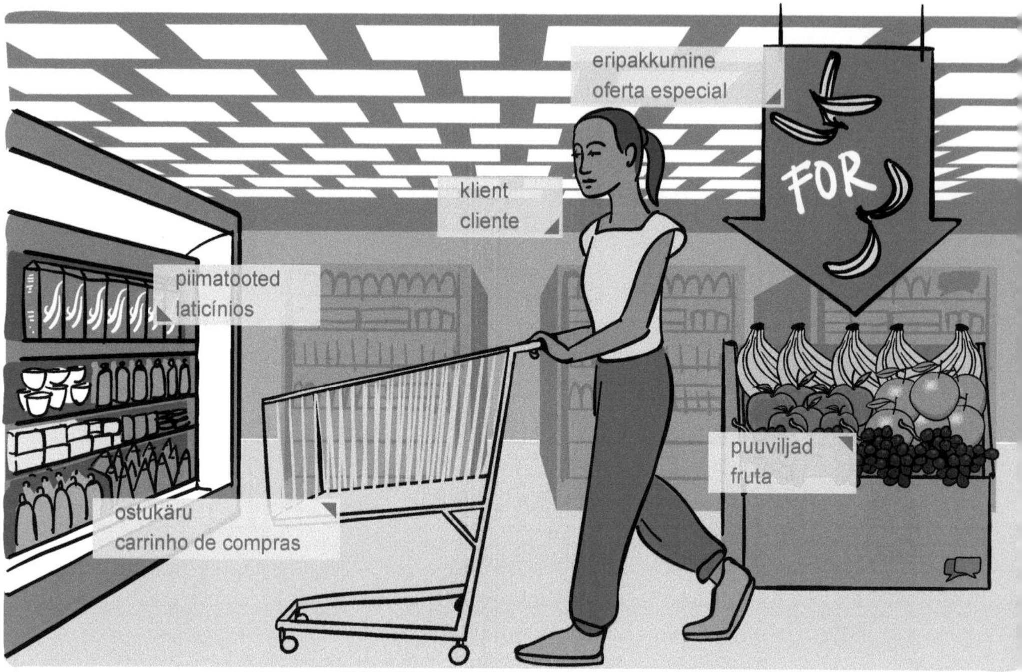

eripakkumine
oferta especial
FOR
klient
cliente
piimatooted
laticínios
puuviljad
fruta
ostukäru
carrinho de compras

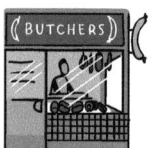

BUTCHERS

lihapood

talho

BAKERY

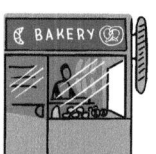

pagariäri

padaria

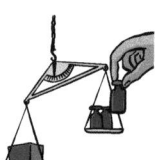

kaaluma

pesar

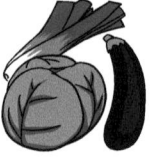

köögiviljad

vegetais

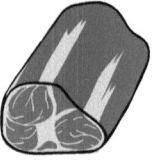

liha

carne

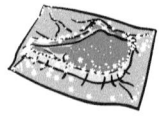

külmutatud toit

alimentos congelados

lihalõigud
charcutaria

konservid
comida enlatada

pesupulber
detergente em pó

maiustused
doces

majatarbed
artigos domésticos

puhastustooted
produtos de limpeza

müüja
vendedora

kassaaparaat
caixa

kassapidaja
caixa

ostunimekiri
lista de compras

lahtiolekuajad
horário de funcionamento

rahakott
carteira

krediitkaart
cartão de crédito

kott
saco

kilekott
saco de plástico

vesi

água

mahl

sumo

piim

leite

koola

coca-cola

vein

vinho

õlu

cerveja

alkohol

álcool

kakao

cacau

tee

chá

kohv

café

espresso

café expresso

cappuccino

capuccino

banaan

banana

õun

maçã

apelsin

laranja

arbuus

melão

sidrun

limão

porgand

cenoura

küüslauk

alho

bambus

bambu

sibul

cebola

seen

cogumelo

pähklid

nozes

nuudlid

talharim

spagetid

esparguete

riis

arroz

salat

salada

friikartulid

batatas fritas

praekartulid

batatas fritas

pitsa

pizza

hamburger

hambúrguer

võileib

sanduíche

šnitsel

bife panado

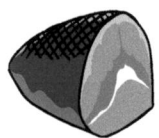

sink

fiambre

salaami

salame

vorst

salsicha

kana

galinha

praeliha

assado

kala

peixe

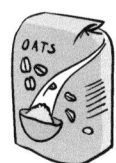

kaerahelbed

flocos de aveia

müsli

muesli

maisihelbed

flocos de milho

jahu

farinha

sarvesai

croissant

kukkel

carcaça (pãozinho)

leib

pão

röstsai

torrada

küpsised

biscoitos

või

manteiga

kohupiim

requeijão

kook

bolo

muna

ovo

praemuna

ovo estrelado

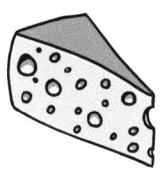

juust

queijo

jäätis

gelado

suhkur

açúcar

mesi

mel

moos

compota

pähklivõie

creme de nougat

karri

caril

talu
quinta

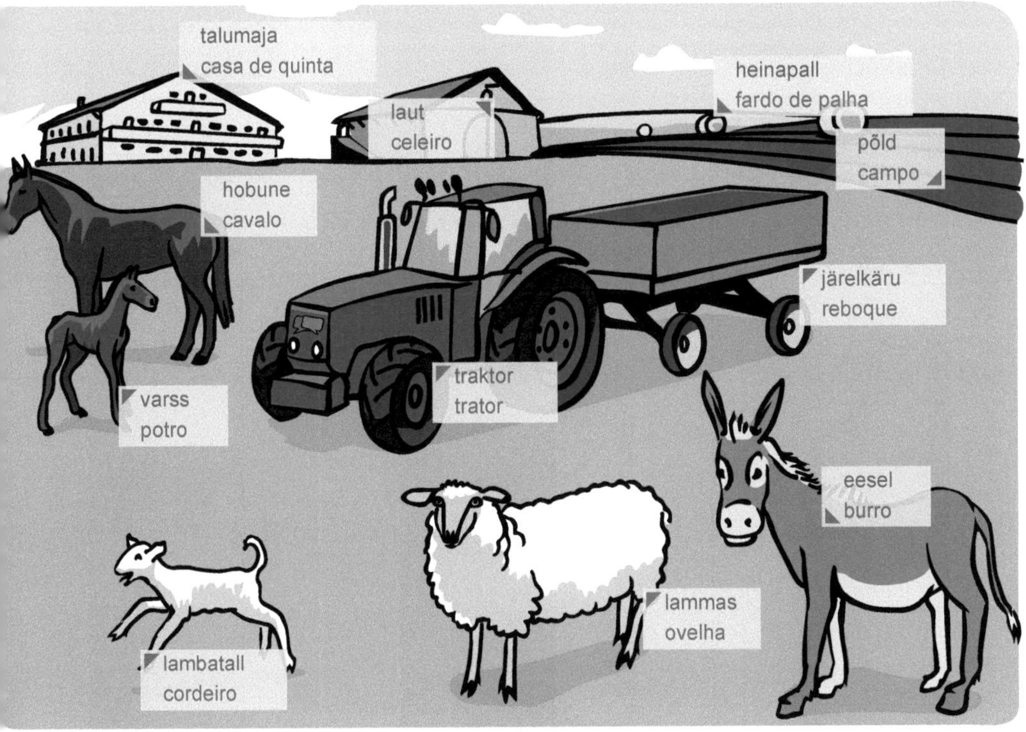
talumaja
casa de quinta
laut
celeiro
heinapall
fardo de palha
põld
campo
hobune
cavalo
järelkäru
reboque
traktor
trator
varss
potro
eesel
burro
lammas
ovelha
lambatall
cordeiro

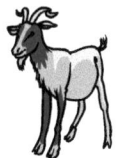

kits

cabra

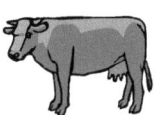

lehm

vaca

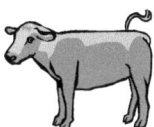

vasikas

bezerro

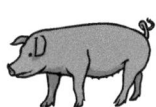

siga

porco

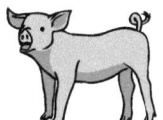

põrsas

leitão

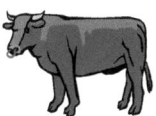

pull

touro

hani
ganso

part
pato

tibu
pintaínho

kana
galinha

kukk
galo

rott
ratazana

kass
gato

hiir
rato

härg
boi

koer
cão

koerakuut
casota

aiavoolik
mangueira de jardim

kastekann
regador

vikat
foice

ader
arado

sirp

foice

kõblas

enxada

hang

forquilha

kirves

machado

käru

carrinho de mão

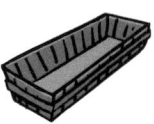

küna

manjedoura

piimanõu

jarro de leite

kott

saco

tara

cerca

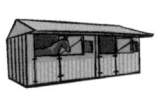

tall

estábulo

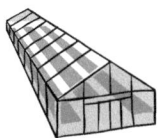

kasvuhoone

estufa

muld

solo

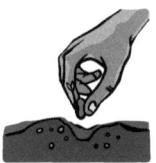

seeme

semente

väetis

fertilizante

kombain

ceifeira-debulhadora

saaki koristama

colher

saagikoristus

colheita

jamss

inhame

nisu

trigo

soja

soja

kartul

batata

mais

milho

raps

colza

viljapuu

árvore de fruto

maniokk

mandioca

teravili

cereais

maja
casa

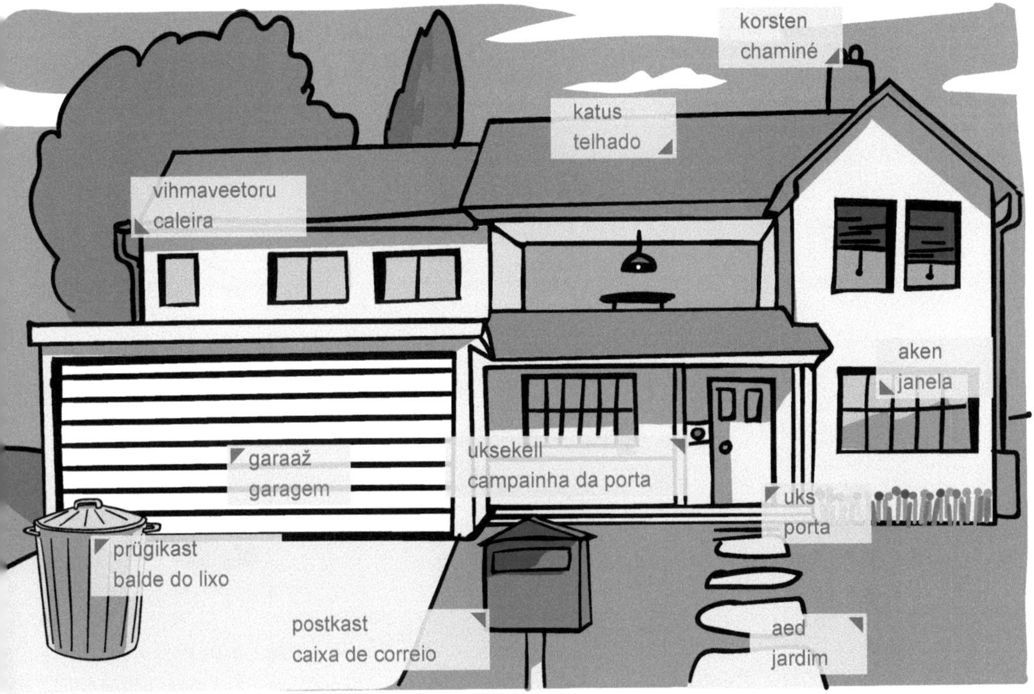
korsten
chaminé
katus
telhado
vihmaveetoru
caleira
aken
janela
garaaž
garagem
uksekell
campainha da porta
uks
porta
prügikast
balde do lixo
postkast
caixa de correio
aed
jardim

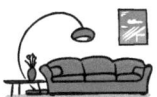

elutuba
sala de estar

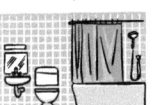

vannituba
casa de banho

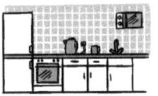

köök
cozinha

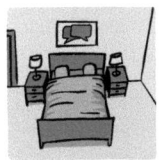

magamistuba
quarto de dormir

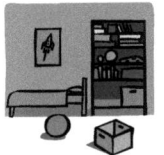

lastetuba
quarto de criança

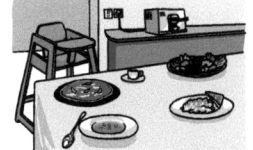

söögituba
sala de jantar

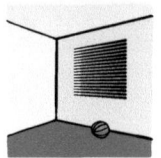

põrand

chão

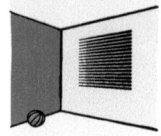

sein

parede

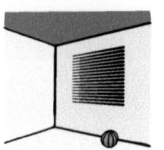

lagi

teto

kelder

cave

saun

sauna

rõdu

varanda

terrass

terraço

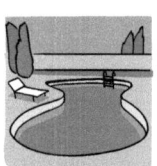

bassein

piscina

muruniiduk

máquina de cortar relvado

voodilina

lençol

päevatekk

cobertor

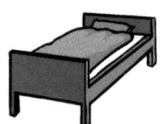

voodi

cama

luud

vassoura

ämber

balde

lüliti

interruptor

elutuba
sala de estar

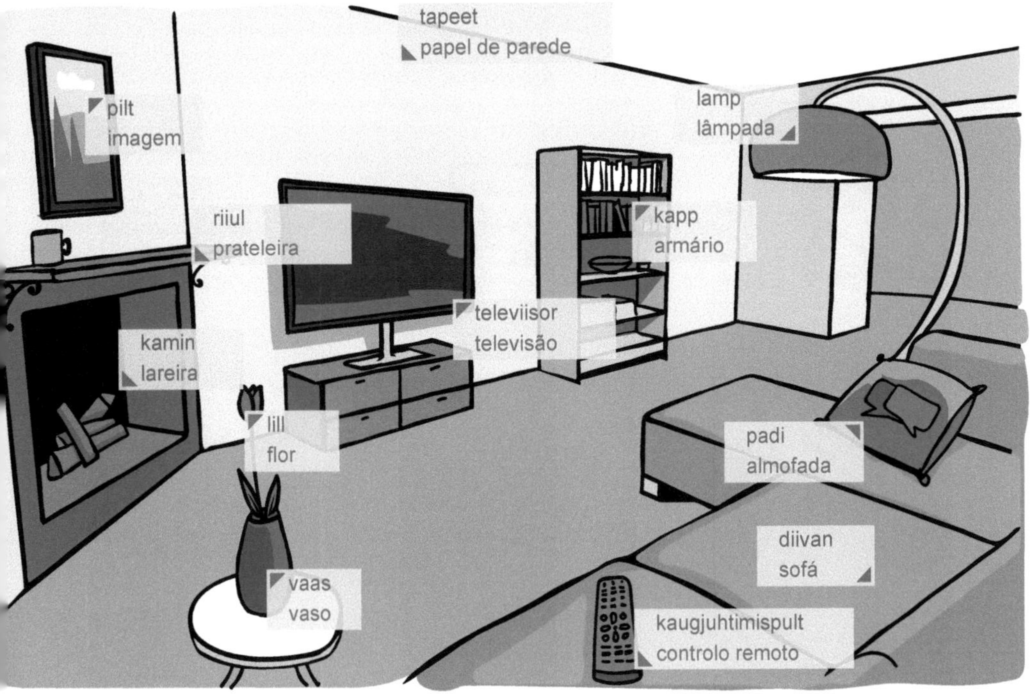

tapeet
papel de parede
pilt
imagem
lamp
lâmpada
riiul
prateleira
kapp
armário
televiisor
televisão
kamin
lareira
lill
flor
padi
almofada
diivan
sofá
vaas
vaso
kaugjuhtimispult
controlo remoto

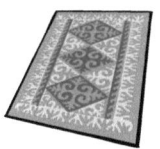

vaip

tapete

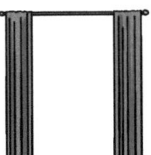

kardin

cortina

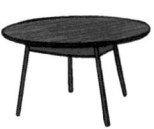

laud

mesa

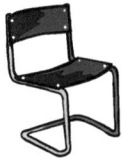

tool

cadeira

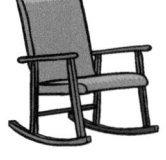

kiiktool

cadeira de baloiço

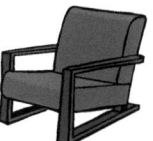

tugitool

poltrona

raamat

livro

tekk

cobertor

kaunistus

decoração

küttepuud

lenha

film

filme

helisüsteem

sistema estéreo

võti

chave

ajaleht

jornal

maal

pintura

plakat

póster

raadio

rádio

märkmik

bloco de notas

tolmuimeja

aspirador

kaktus

cato

küünal

vela

köök
cozinha

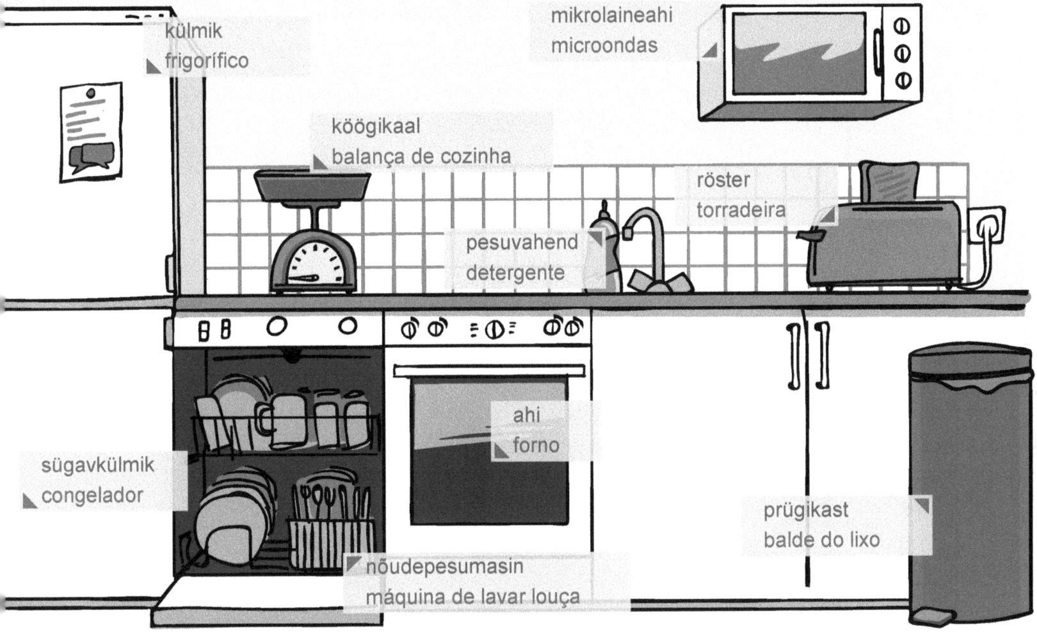
külmik
frigorífico
mikrolaineahi
microondas
köögikaal
balança de cozinha
röster
torradeira
pesuvahend
detergente
ahi
forno
sügavkülmik
congelador
prügikast
balde do lixo
nõudepesumasin
máquina de lavar louça

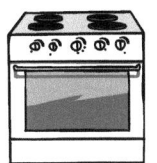

pliit

fogão

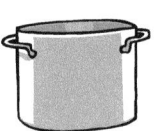

pott

panela

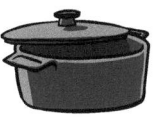

malmpott

panela de ferro

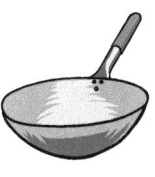

vokkpann

wok / kadai

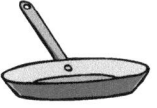

pann

frigideira

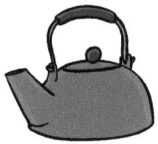

veekeetja

chaleira

aurutaja

panela a vapor

küpsetusplaat

tabuleiro de forno

lauanõud

louça

kruus

caneca

kauss

tigela

söögipulgad

pauzinhos

kulp

concha de sopa

pannilabidas

espátula

vispel

batedor de claras

kurn

escorredor

sõel

peneira

riiv

ralador

uhmer

almofariz

grill

churrasqueira

lahtine tuli

lareira

lõikelaud

tábua de cortar

tainarull

rolo da massa

korgitser

saca-rolhas

konservipurk

lata

konserviavaja

abridor de latas

pajakinnas

luvas de forno

kraanikauss

lava-loiça

hari

escova

pesukäsn

esponja

kannmikser

liquidificador

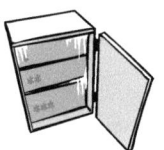

sügavkülmuti

arca frigorífica

lutipudel

biberão

segisti

torneira

vannituba

casa de banho

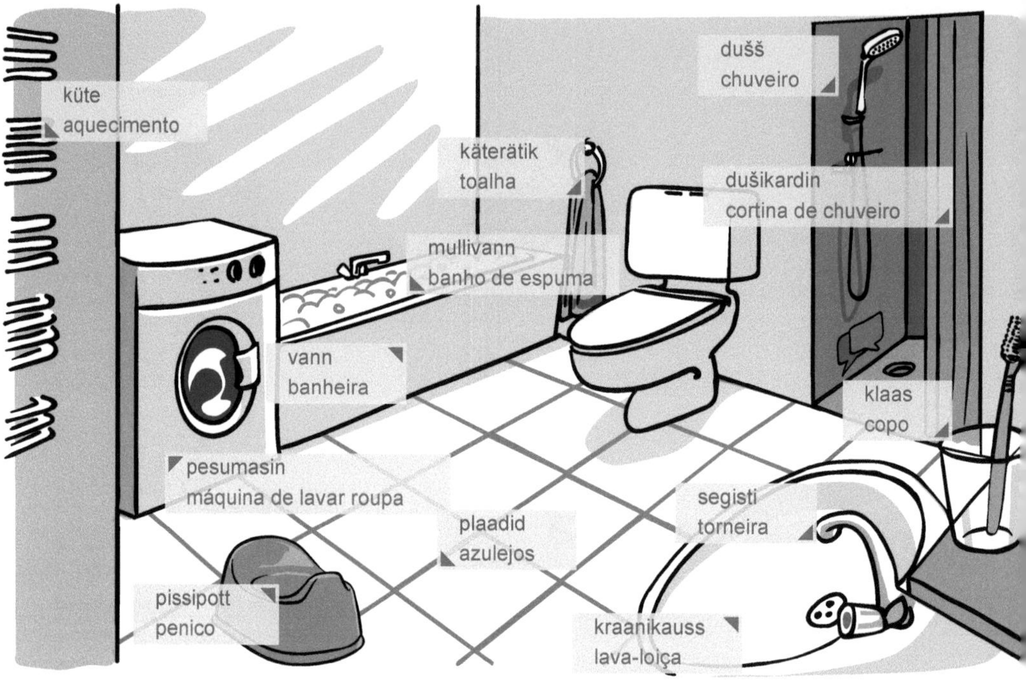
küte
aquecimento
käterätik
toalha
dušš
chuveiro
dušikardin
cortina de chuveiro
mullivann
banho de espuma
vann
banheira
klaas
copo
pesumasin
máquina de lavar roupa
segisti
torneira
plaadid
azulejos
pissipott
penico
kraanikauss
lava-loiça

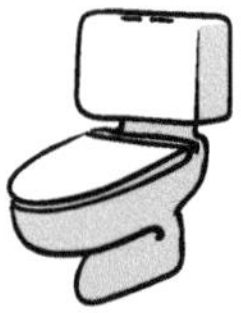

WC-pott

sanita

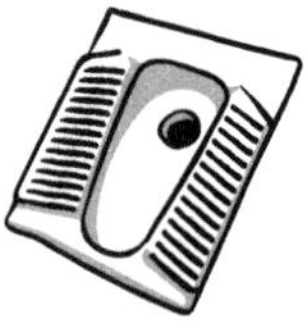

kükitamistualett

retrete turca

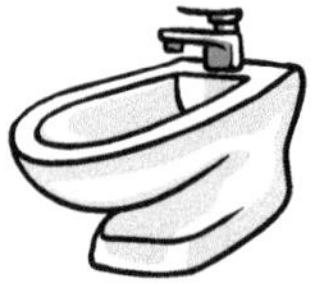

bidee

bidé

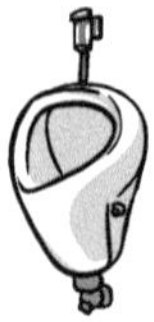

pissuaar

urinol

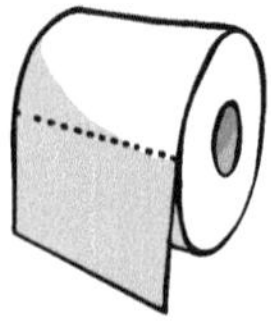

tualettpaber

papel higiénico

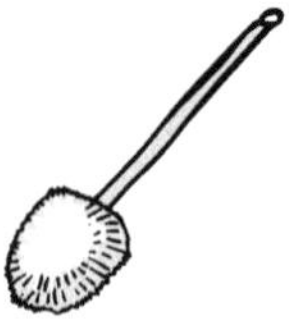

WC-hari

piaçaba

hambahari

escova de dentes

hambapasta

pasta de dentes

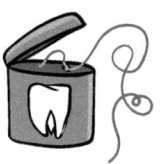

hambaniit

fio dentário

pesema

lavar

käsidušš

chuveiro de mão

intiimdušš

duche íntimo

pesukauss

bacia

seljahari

escova para as costas

seep

sabonete

dušigeel

gel de banho

šampoon

champô

vamm

toalha de rosto

äravool

escoamento

kreem

creme

deodorant

desodorizante

peegel

espelho

käsipeegel

espelho de mão

habemenuga

máquina de barbear

raseerimisvaht

creme de barbear

habemevesi

loção pós-barba

kamm

pente

hari

escova

föön

secador de cabelo

juukselakk

spray de cabelo

meigikomplekt

maquilhagem

huulepulk

batom

küünelakk

verniz de unhas

vatt

algodão

küünekäärid

tesoura para unhas

parfüüm

perfume

tualett-tarvete kott

nécessaire

taburet

tamborete

kaal

balança

hommikumantel

roupão de banho

kummikindad

luvas de borracha

tampoon

tampão

hügieeniside

penso higiénico

keemiline tualett

WC químico

lastetuba
quarto de criança

äratuskell
despertador
pehme mänguasi
peluche
mänguauto
carro de brincar
kõristi
chocalho
nukumaja
casa de bonecas
kingitus
presente

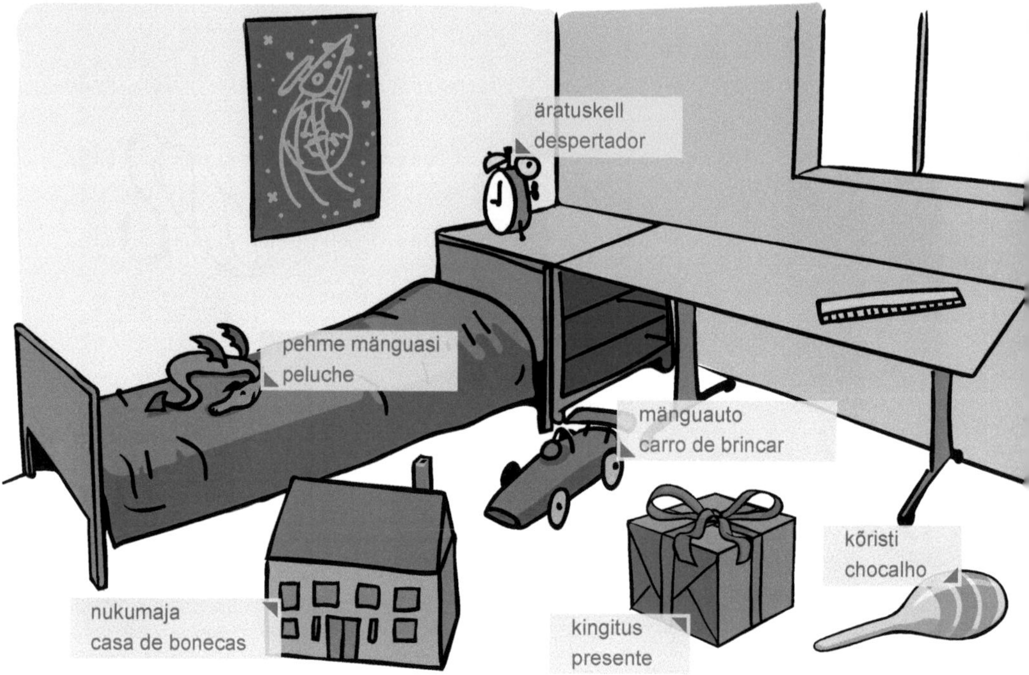

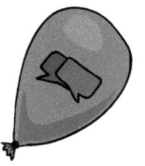

õhupall

balão

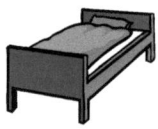

voodi

cama

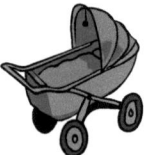

lapsevanker

carrinho de bebé

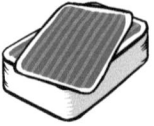

kaardipakk

jogo de cartas

pusle

quebra-cabeças

SUPER
MEGA

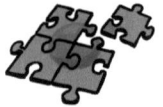

koomiks

banda desenhada

Lego klotsid

peças de Lego

klotsid

blocos de construção

kujuke

figura de ação

siputuspüksid

fato de bebé

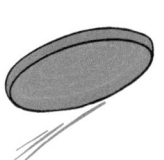

lendav taldrik

Frisbee

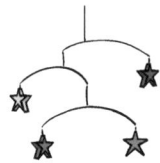

voodikarussell

móbile para bebé

lauamäng

jogo de tabuleiro

täringud

dados

mudelrong

pista de comboio elétrico

lutt

chupeta

pidu

festa

pildiraamat

livro ilustrado

pall

bola

nukk

boneca

mängima

jogar

liivakast

caixa de areia

kiik

baloiço

mänguasjad

brinquedos

mängukonsool

consola de jogos

kolmerattaline jalgratas

triciclo

mängukaru

ursinho de peluche

riidekapp

guarda-roupa

riietus

vestuário

sokid

meias

sukad

meias pelo joelho

sukkpüksid

meias-calças

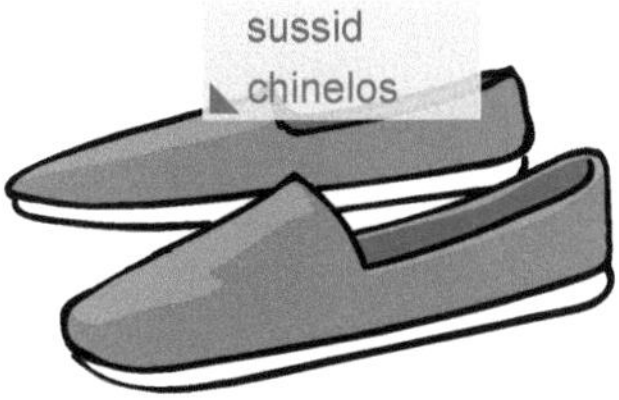

sall
cachecol

vihmavari
guarda-chuva

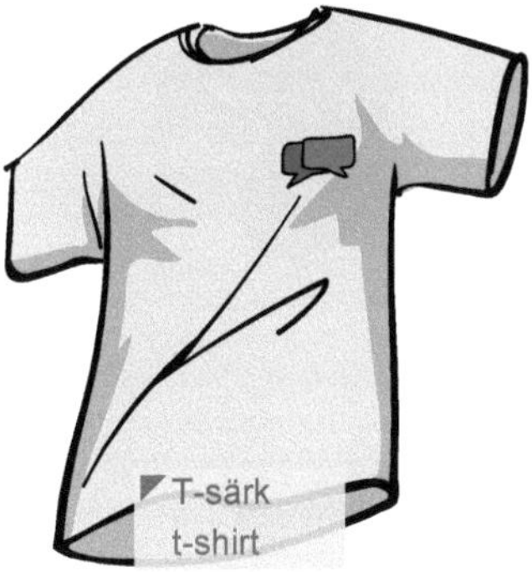

T-särk
t-shirt

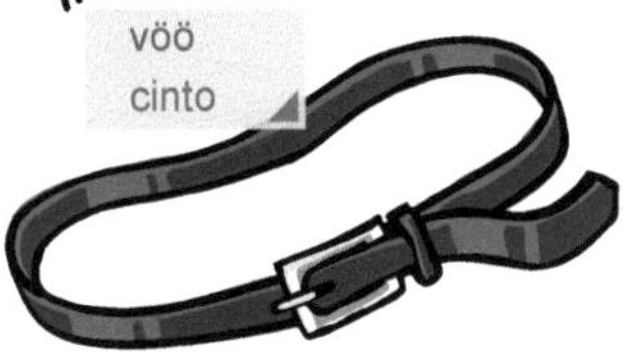

vöö
cinto

saapad
botas

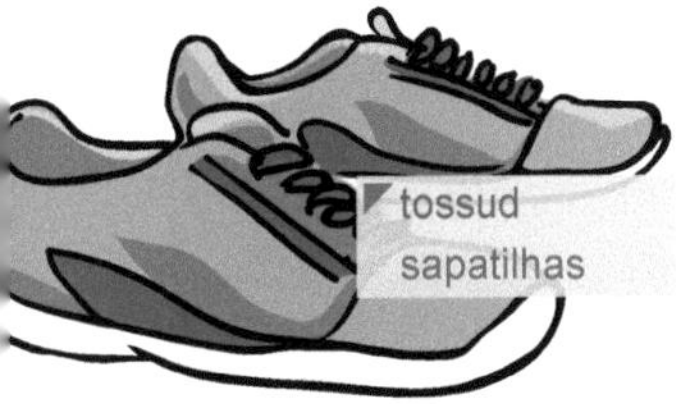

sussid
chinelos

tossud
sapatilhas

sandaalid
sandálias

jalatsid
sapatos

kummikud
botas de borracha

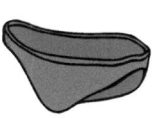

aluspüksid
cuecas

rinnahoidja
sutiã

vest
camisola interior

bodi

body

püksid

calças

teksapüksid

calças de ganga

seelik

saia

pluus

blusa

särk

camisa

sviiter

pulôver

dressipluus

camisola com capuz

bleiser

blazer

jakk

casaco

mantel

manto

vihmamantel

gabardina

kostüüm

traje

kleit

vestido

pulmakleit

vestido de casamento

ülikond

fato

öösärk

camisa de dormir

pidžaama

pijama

sari

sari

pearätt

lenço de cabeça

turban

turbante

burka

burca

kaftan

cafetã

abayah

abaya

ujumistrikoo

fato de banho

ujumispüksid

calções de banho

lühikesed püksid

calções

dressid

fato de treino

põll

avental

kindad

luvas

nööp

botão

prillid

óculos

käevõru

pulseira

kaelakee

colar

sõrmus

anel

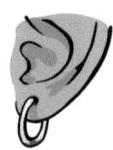

kõrvarõngas

brinco

nokamüts

boné

riidepuu

cabide

kaabu

chapéu

lips

gravata

tõmblukk

fecho de correr

kiiver

capacete

traksid

suspensórios

koolivorm

uniforme escolar

vormirõivad

uniforme

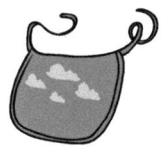

pudipõll

babete

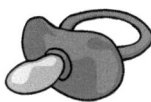

lutt

chupeta

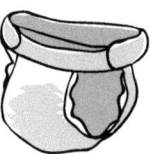

mähe

fralda

kontor
escritório

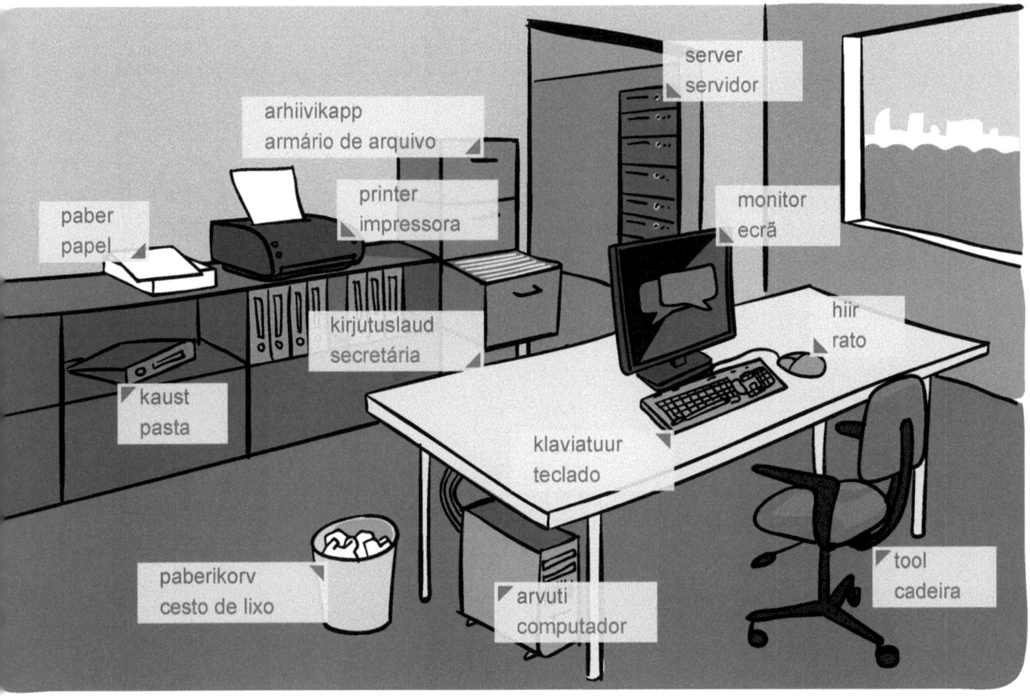

server
servidor
arhiivikapp
armário de arquivo
paber
papel
printer
impressora
monitor
ecrã
hiir
rato
kirjutuslaud
secretária
kaust
pasta
klaviatuur
teclado
tool
cadeira
paberikorv
cesto de lixo
arvuti
computador

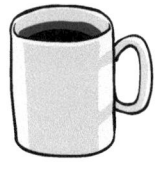

kohvikruus

caneca de café

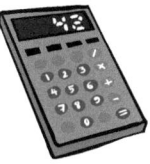

kalkulaator

calculadora

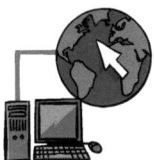

internet

internet

sülearvuti

computador portátil

kiri

carta

sõnum

mensagem

mobiiltelefon

telemóvel

võrk

rede

koopiamasin

fotocopiadora

tarkvara

software

telefon

telefone

pistikupesa

tomada elétrica

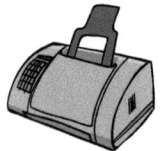

faksimasin

fax

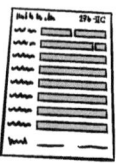

vorm

formulário

dokument

documento

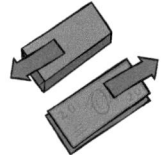

ostma

comprar

maksma

pagar

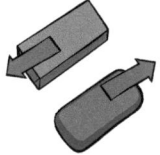

vahetama

negociar

raha

dinheiro

dollar

dólar

euro

euro

jeen

yen

rubla

rublo

Šveitsi frank

franco suíço

renminbi jüaan

renminbi yuan

ruupia

rupia

sularahaautomaat

caixa de multibanco

valuutavahetuspunkt

casa de câmbio

kuld

ouro

hõbe

prata

nafta

petróleo

energia

energia

hind

preço

leping

contrato

maks

imposto

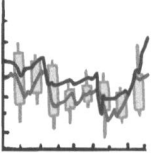

aktsia

ação

töötama

trabalhar

töötaja

empregado

tööandja

entidade patronal

tehas

fábrica

kauplus

loja

ametid
profissões

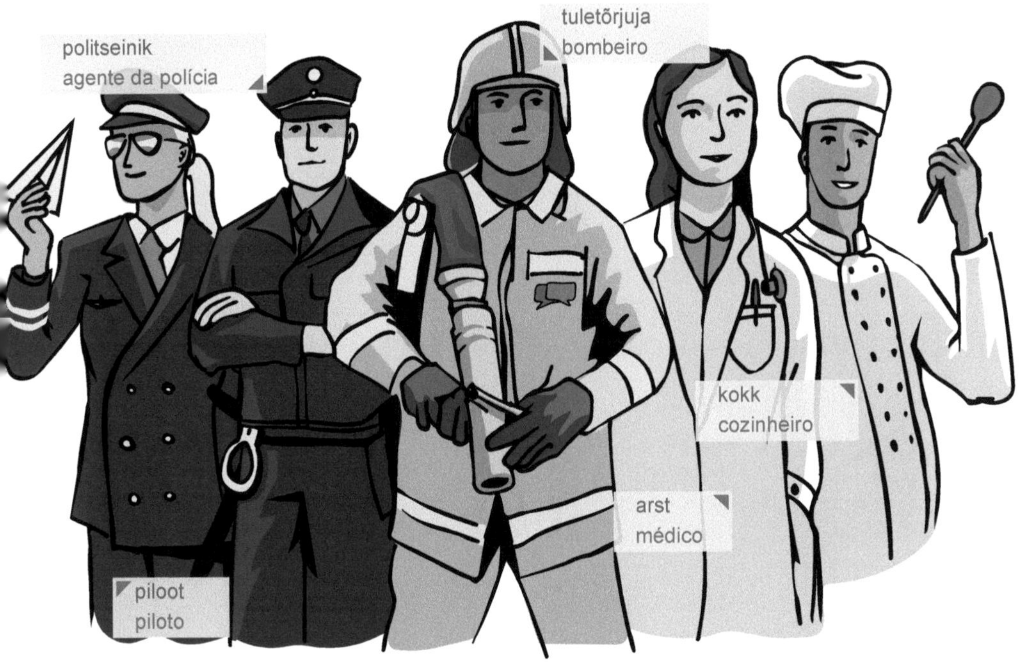

politseinik
agente da polícia
tuletõrjuja
bombeiro
kokk
cozinheiro
arst
médico
piloot
piloto

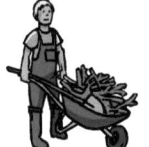

aednik

jardineiro

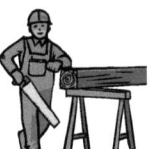

puusepp

carpinteiro

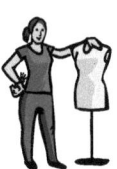

õmbleja

costureira

kohtunik

juiz

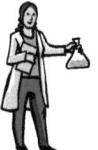

keemik

químico

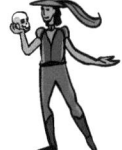

näitleja

ator

bussijuht

motorista de autocarro

taksojuht

motorista de táxi

kalamees

pescador

koristaja

empregada de limpeza

katusepaigaldaja

telhador

kelner

empregado de mesa

jahimees

caçador

maaler

pintor

pagar

padeiro

elektrik

eletricista

ehitaja

construtor

insener

engenheiro

lihunik

talhante

torumees

canalizador

postiljon

carteiro

sõdur
soldado

arhitekt
arquiteto

kassapidaja
caixa

lillemüüja
florista

juuksur
cabeleireiro

piletikontrolör
controlador de bilhetes

mehaanik
mecânico

kapten
capitão

hambaarst
dentista

teadlane
cientista

rabi
rabino

imaam
imã

munk
monge

preester
pastor

tööriistad
ferramentas

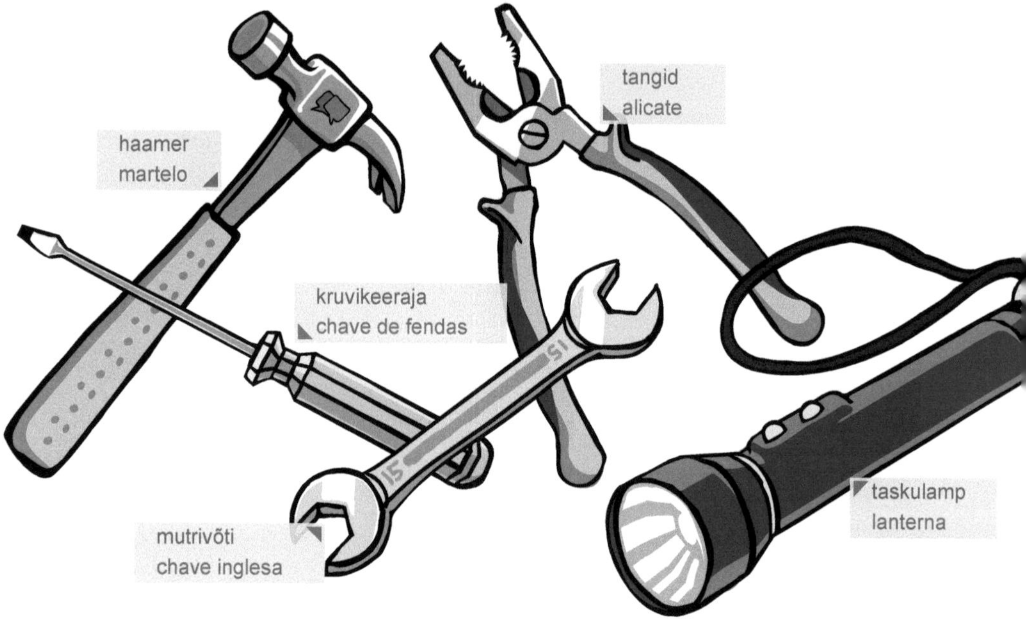

haamer
martelo
tangid
alicate
kruvikeeraja
chave de fendas
mutrivõti
chave inglesa
taskulamp
lanterna

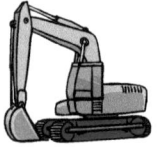

ekskavaator
escavadora

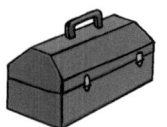

tööriistakast
caixa de ferramentas

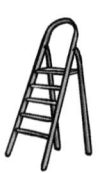

redel
escadote

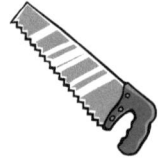

saag
serra

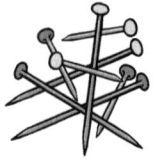

naelad
pregos

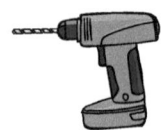

trell
broca

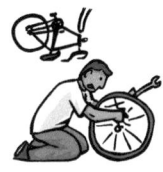

parandama

reparar

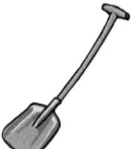

labidas

pá

Põrgusse!

porcaria!

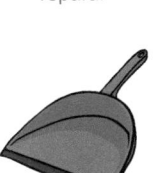

kühvel

pá de lixo

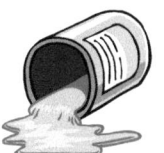

värvipott

pote de tinta

kruvid

parafusos

pillid

instrumentos musicais

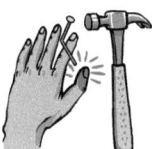

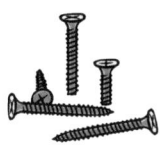

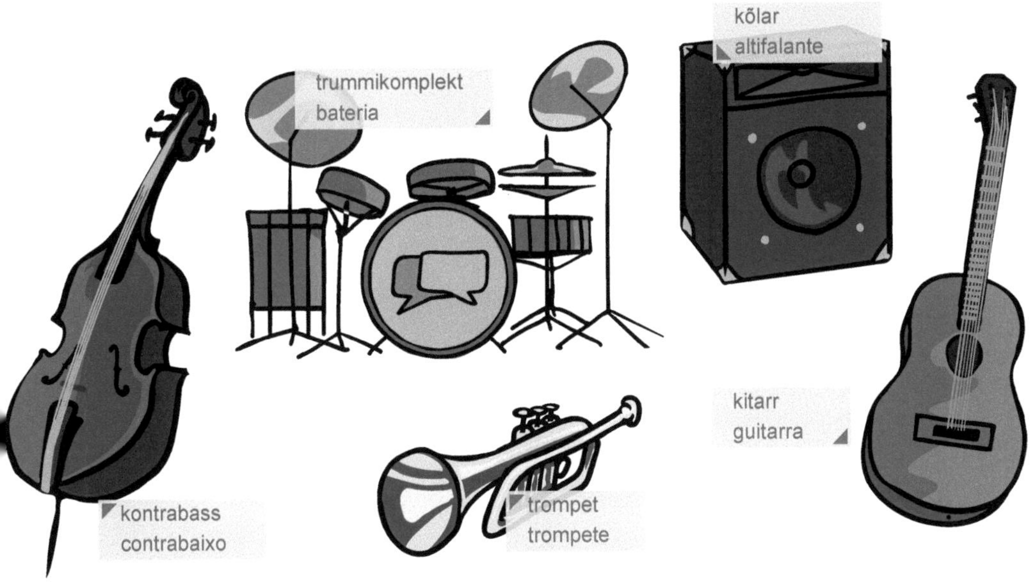

kõlar
altifalante
trummikomplekt
bateria
kontrabass
contrabaixo
trompet
trompete
kitarr
guitarra

klaver
piano

viiul
violino

bass
baixo

timpan
timbales

trummid
tambor

süntesaator
teclado

saksofon
saxofone

flööt
flauta

mikrofon
microfone

loomaaed
jardim zoológico

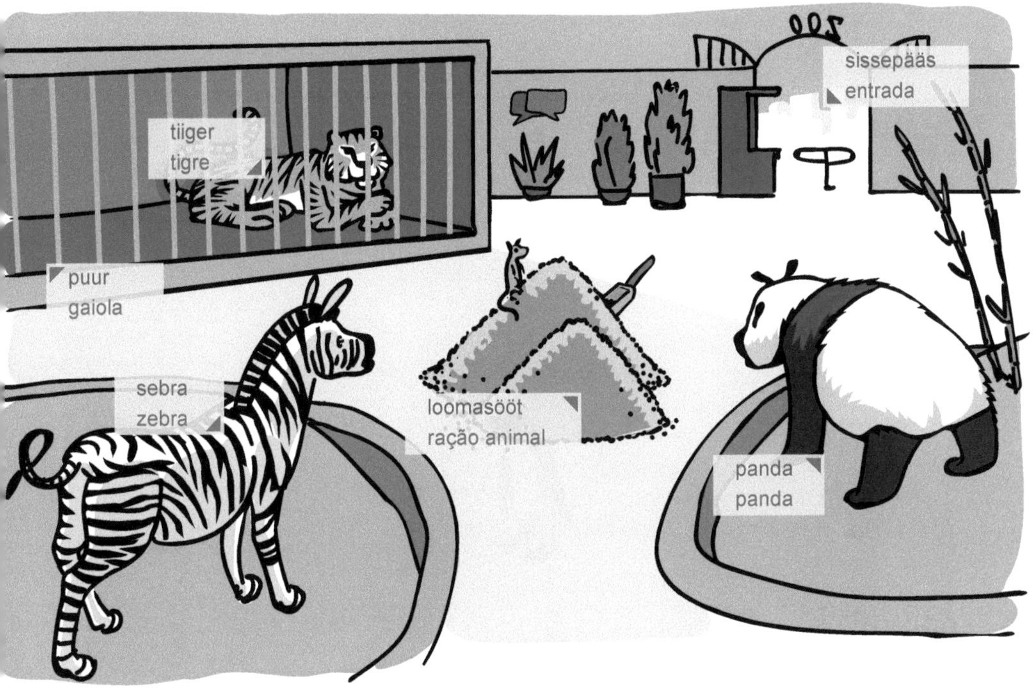

sissepääs
entrada
tiiger
tigre
puur
gaiola
sebra
zebra
loomasööt
ração animal
panda
panda

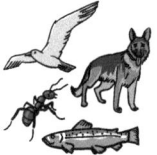

loomad
animais

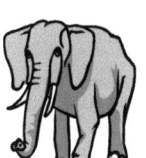

elevant
elefante

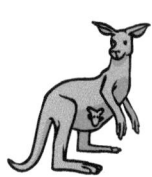

känguru
canguru

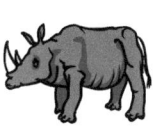

ninasarvik
rinoceronte

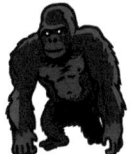

gorilla
gorila

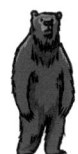

karu
urso

kaamel

camelo

jaanalind

avestruz

lõvi

leão

ahv

macaco

flamingo

flamingo

papagoi

papagaio

jääkaru

urso polar

pingviin

pinguim

hai

tubarão

paabulind

pavão

madu

cobra

krokodill

crocodilo

loomaaiatalitaja

guarda do jardim zoológico

hüljes

foca

jaaguar

jaguar

poni

pónei

leopard

leopardo

jõehobu

hipopótamo

kaelkirjak

girafa

kotkas

águia

metssiga

javali

kala

peixe

kilpkonn

tartaruga

morsk

morsa

rebane

raposa

gasell

gazela

Ameerika jalgpall
futebol americano

jalgrattasõit
ciclismo

tennis
ténis

korvpall
basquetebol

ujumine
natação

poksimine
boxe

jäähoki
hóquei no gelo

jalgpall

futebol

sulgpall

badminton

kergejõustik

atletismo

käsipall

andebol

suusatamine

esqui

polo

polo

tegevused
atividades

naerma
rir
hüppama
saltar
kallistama
abraçar
jalutama
andar
laulma
cantar
unistama
sonhar
palvetama
rezar
suudlema
beijar

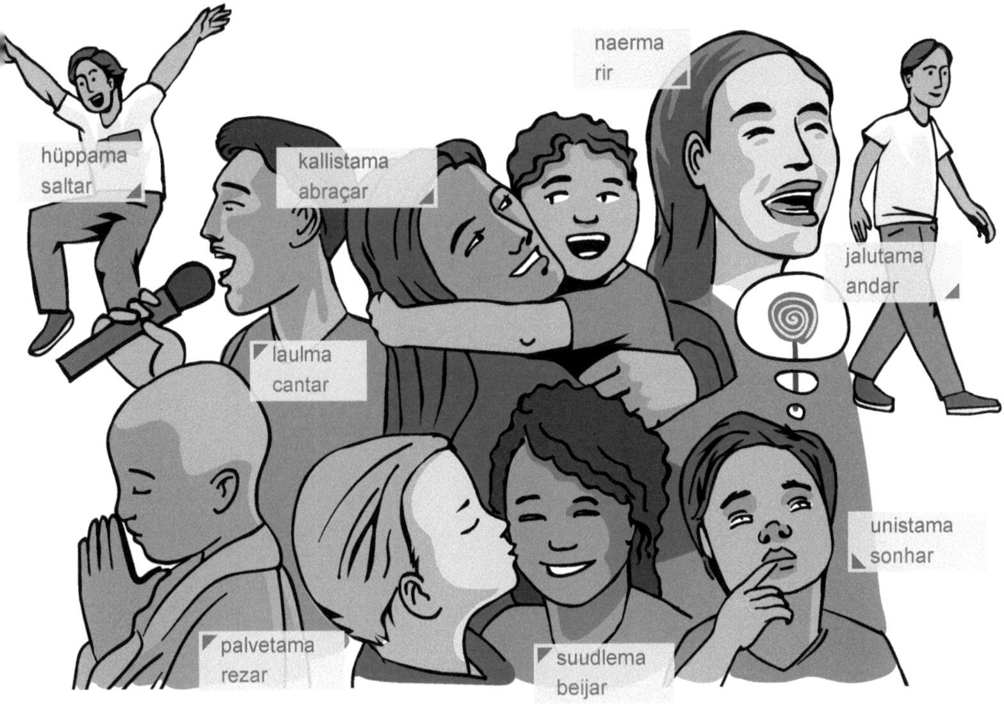

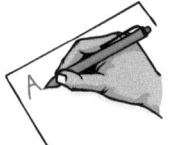

kirjutama
escrever

joonistama
desenhar

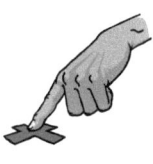

näitama
mostrar

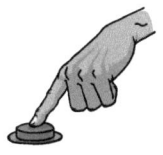

lükkama
empurrar

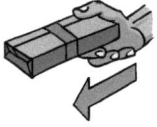

andma
dar

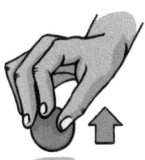

võtma
tomar

omama

ter

tegema

fazer

olema

ser

seisma

ficar de pé

jooksma

correr

tõmbama

puxar

viskama

remessar

kukkuma

cair

lamama

deitar

ootama

esperar

kandma

carregar

istuma

sentar

riidesse panema

vestir

magama

dormir

ärkama

acordar

vaatama

olhar para

nutma

chorar

paitama

acariciar

kammima

pentear

rääkima

falar

aru saama

compreender

küsima

perguntar

kuulama

ouvir

jooma

beber

sööma

comer

korrastama

arrumar

armastama

amar

süüa tegema

cozinhar

sõitma

conduzir

lendama

voar

purjetama

velejar

arvutama

calcular

lugema

ler

õppima

aprender

töötama

trabalhar

abielluma

casar

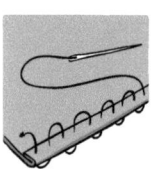

õmblema

costurar

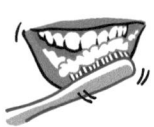

hambaid pesema

escovar os dentes

tapma

matar

suitsetama

fumar

saatma

enviar

perekond
família

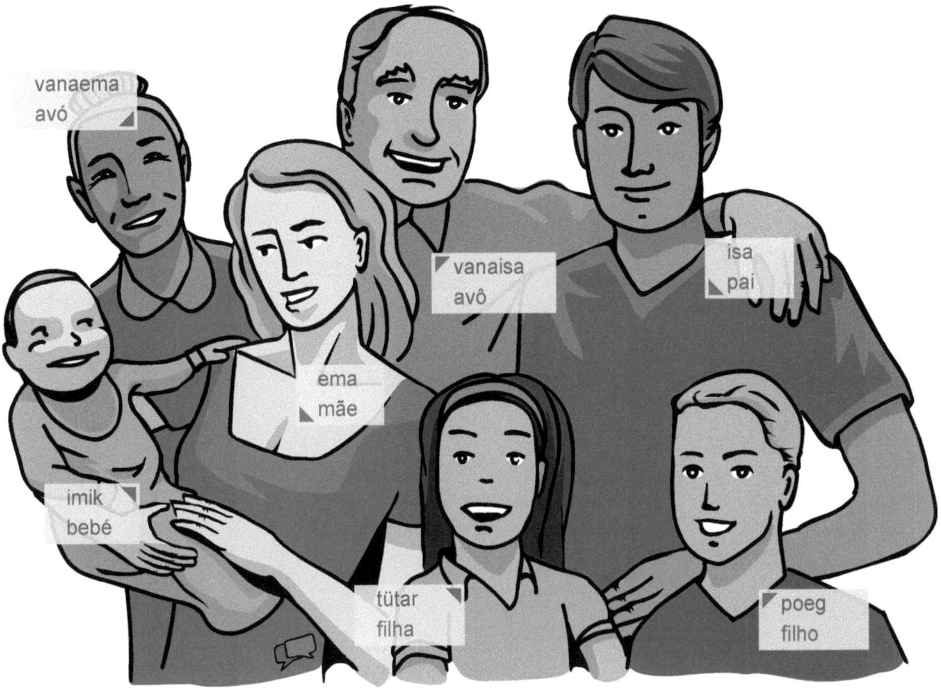
vanaema
avó
vanaisa
avô
isa
pai
ema
mãe
imik
bebé
tütar
filha
poeg
filho

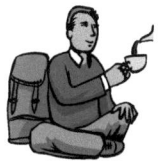

külaline
convidado

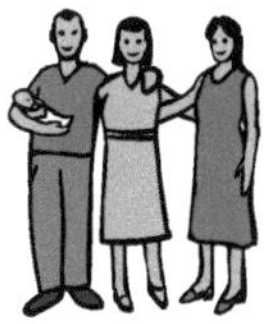

tädi
tia

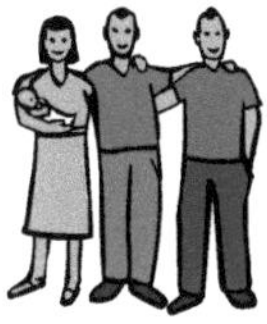

onu
tio

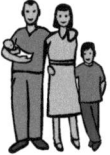

vend
irmão

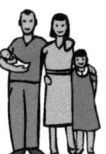

õde
irmã

keha

corpo

otsmik
testa
silm
olho
õlg
ombro
sõrm
dedo
nägu
cara
lõug
queixo
käsi
mão
jalg
perna
rind
peito
käsivars
braço

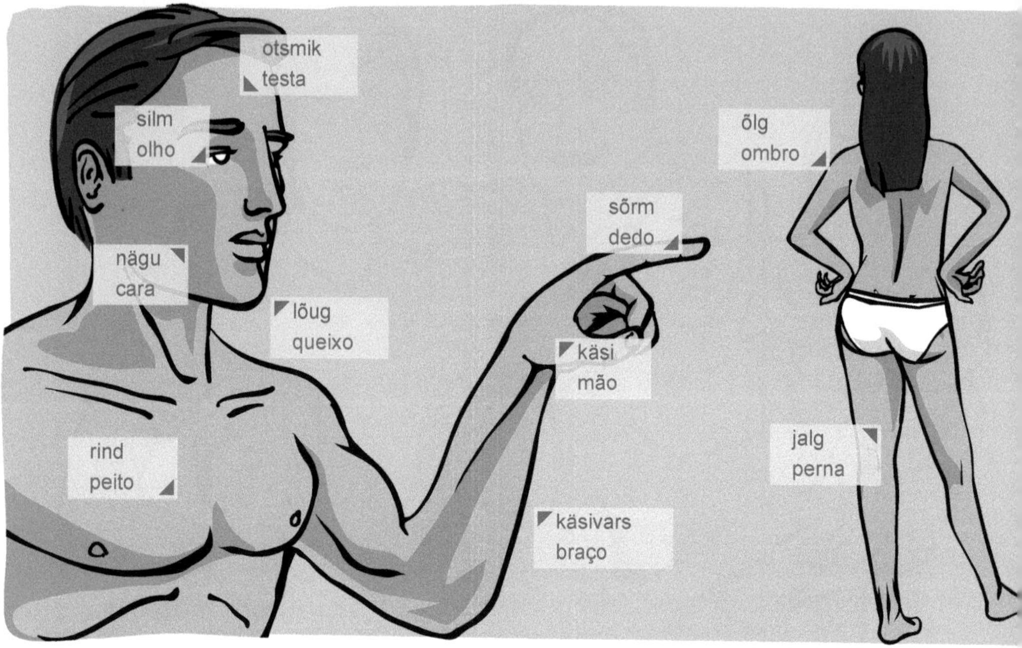

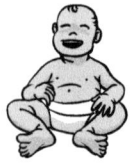

imik
bebé

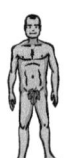

mees
homem

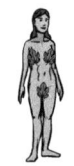

naine
mulher

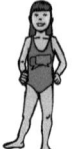

tüdruk
menina

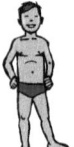

poiss
menino

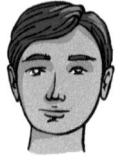

pea
cabeça

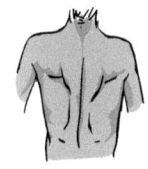

selg

costas

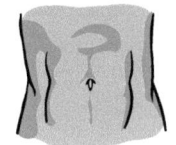

kõht

barriga

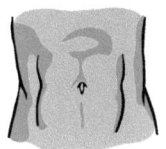

naba

umbigo

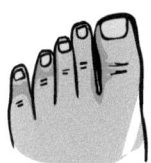

varvas

dedo do pé

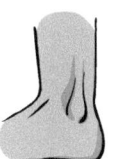

kand

calcanhar

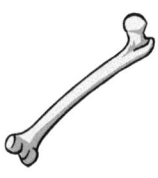

luu

osso

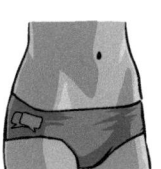

puus

anca

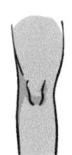

põlv

joelho

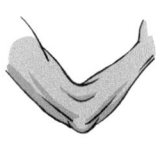

küünarnukk

cotovelo

nina

nariz

tagumik

nádegas

nahk

pele

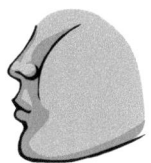

põsk

bochecha

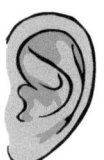

kõrv

orelha

huuled

lábio

suu

boca

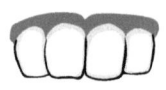

hammas

dente

keel

língua

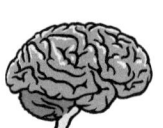

aju

cérebro

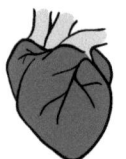

süda

coração

lihas

músculo

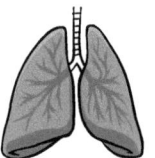

kops

pulmão

maks

fígado

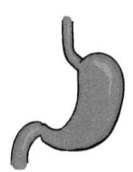

magu

estômago

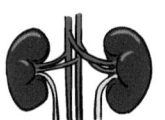

neerud

rins

seksuaalvahekord

relações sexuais

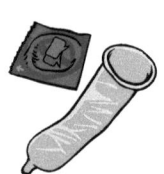

kondoom

preservativo

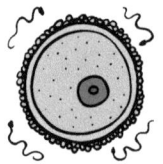

munarakk

óvulo

sperma

esperma

rasedus

gravidez

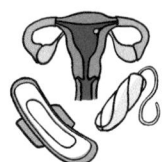

menstruatsioon

menstruação

vagiina

vagina

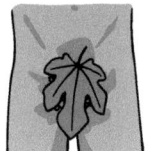

peenis

pénis

kulm

sobrancelha

juuksed

cabelo

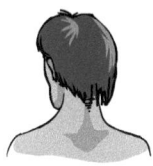

kael

pescoço

haigla
hospital

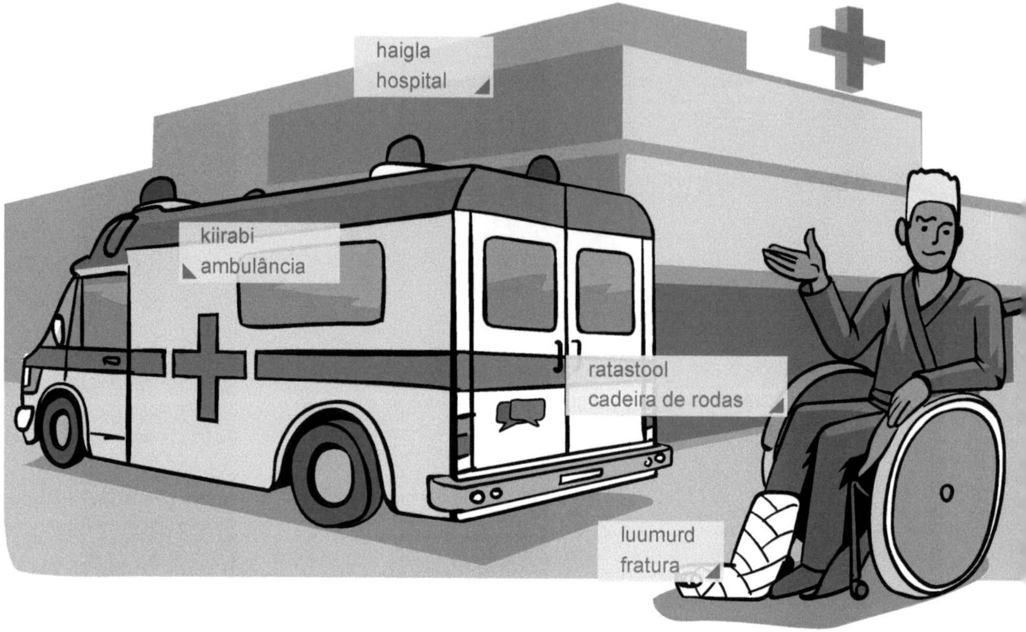

haigla
hospital
kiirabi
ambulância
ratastool
cadeira de rodas
luumurd
fratura

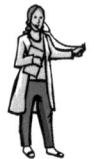

arst

médico

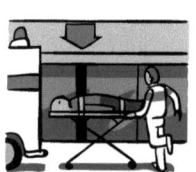

traumapunkt

serviço de urgências

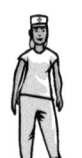

meditsiiniõde

enfermeira

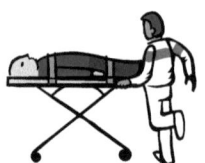

hädaolukord

emergência

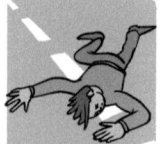

teadvuseta

inconsciente

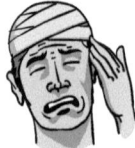

valu

dor

vigastus

ferimento

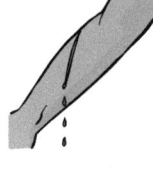

verejooks

hemorragia

südamerabandus

ataque cardíaco

insult

acidente vascular cerebral

allergia

alergia

köha

tosse

palavik

febre

gripp

gripe

kõhulahtisus

diarreia

peavalu

dor de cabeça

vähk

cancro

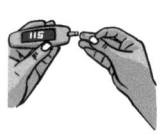

diabeet

diabetes

kirurg

cirurgião

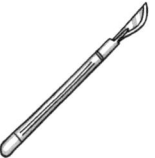

skalpell

bisturi

operatsioon

operação

KT
....
CT

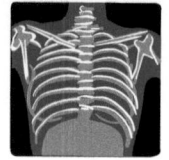

röntgen
....
raio x

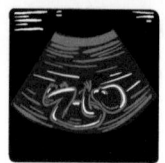

ultraheli
....
ultrassom

mask
....
máscara

haigus
....
doença

ooteruum
....
sala de espera

kark
....
muleta

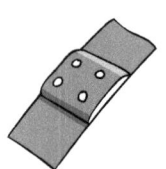

kips
....
penso rápido

side
....
ligadura

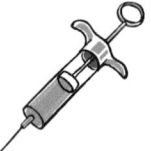

süst
....
injeção

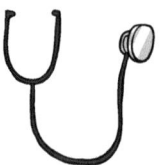

stetoskoop
....
estetoscópio

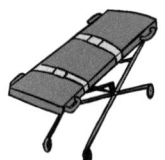

kanderaam
....
maca

kraadiklaas
....
termómetro

sünd
....
nascimento

ülekaaluline
....
excesso de peso

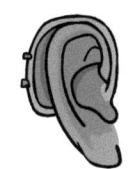

kuuldeaparaat

aparelho auditivo

desinfektsioonivahend

desinfetante

põletik

infeção

viirus

vírus

HIV / AIDS

HIV / SIDA

meditsiin

medicamento

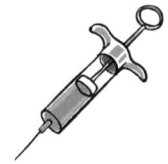

vaktsineerimine

vacinação

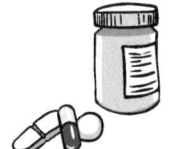

tabletid

comprimidos

pill

pílula

hädaabikõne

chamada de emergência

vererõhuaparaat

dispositivo de medição de
pressão arterial

haige / terve

doente / saudável

Appi!

Socorro!

häire

alarme

kallaletung

assalto

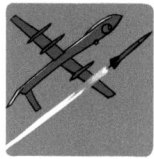

rünnak

ataque

oht

perigo

avariiväljapääs

saída de emergência

Tulekahju!

Fogo!

tulekustuti

extintor de incêndios

õnnetus

acidente

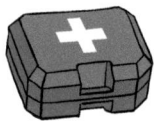

esmaabikomplekt

estojo de primeiros socorros

SOS

SOS

politsei

polícia

Euroopa

Europa

Põhja-Ameerika

América do Norte

Lõuna-Ameerika

América do Sul

Aafrika

África

Aasia

Ásia

Austraalia

Austrália

Atlandi ookean

Atlântico

Vaikne ookean

Pacífico

India ookean

Oceano Índico

Lõuna-Jäämeri

Oceano Antártico

Põhja-Jäämeri

Oceano Ártico

põhjapoolus

Polo Norte

Iõunapoolus
....
Polo Sul

Antarktika
....
Antártica

Maa
....
terra

maismaa
....
país

meri
....
mar

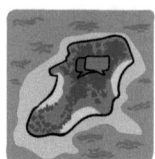

saar
....
ilha

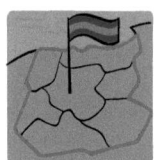

rahvus
....
nação

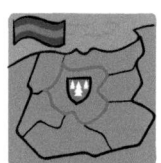

riik
....
estado

sihverplaat

mostrador do relógio

tunniosuti

ponteiro das horas

minutiosuti

ponteiro dos minutos

sekundiosuti

ponteiro dos segundos

Mis kell on?

Que horas são?

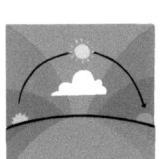

päev

dia

aeg

tempo

praegu

agora

digitaalne kell

relógio digital

minut

minuto

tund

hora

nädal

semana

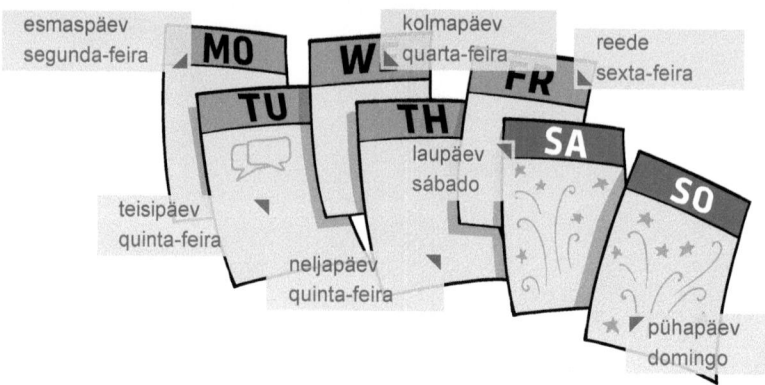

esmaspäev
segunda-feira

kolmapäev
quarta-feira

reede
sexta-feira

laupäev
sábado

teisipäev
quinta-feira

neljapäev
quinta-feira

pühapäev
domingo

eile
....
ontem

täna
....
hoje

homme
....
amanhã

hommik
....
manhã

lõuna
....
meio-dia

õhtu
....
entardecer

MO	TU	WE	TH	FR	SA	SU
1	2	3	4	5	6	7
8	9	10	11	12	13	14
15	16	17	18	19	20	21
22	23	24	25	26	27	28
29	30	31	1	2	3	4

tööpäevad
....
dias úteis

MO	TU	WE	TH	FR	SA	SU
1	2	3	4	5	6	7
8	9	10	11	12	13	14
15	16	17	18	19	20	21
22	23	24	25	26	27	28
29	30	31	1	2	3	4

nädalavahetus
....
fim de semana

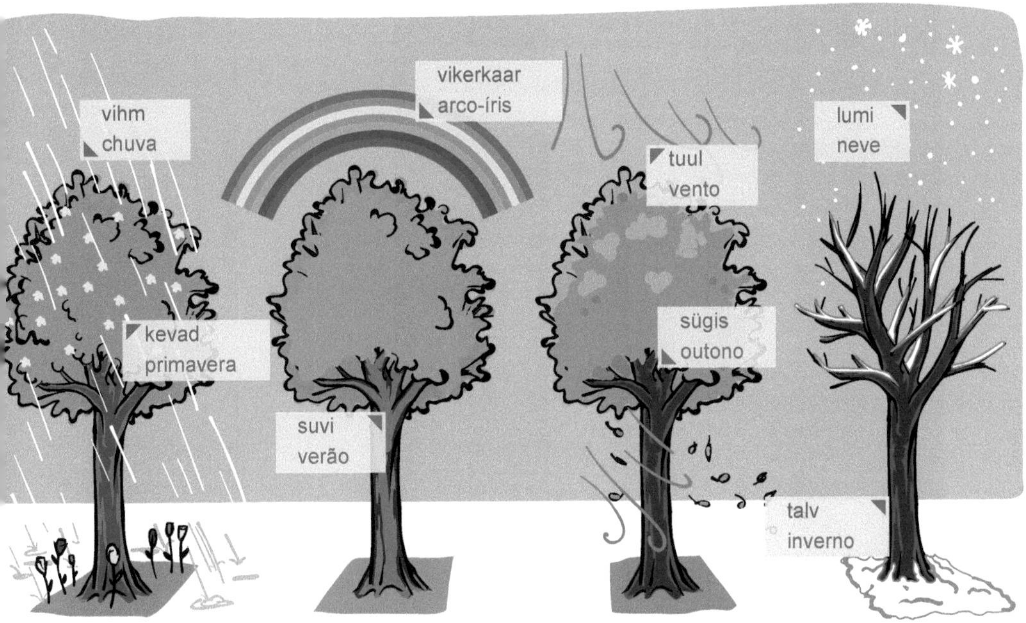

vihm
chuva

vikerkaar
arco-íris

tuul
vento

lumi
neve

kevad
primavera

sügis
outono

suvi
verão

talv
inverno

4.APRIL	11°	☀
5.APRIL	4°	☁
6.APRIL	13°	☂
7.APRIL	8°	☀
8.APRIL	10°	☀

ilmaennustus
....
previsão do tempo

termomeeter
....
termómetro

päikesepaiste
....
raios de sol

pilv
....
nuvem

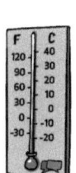

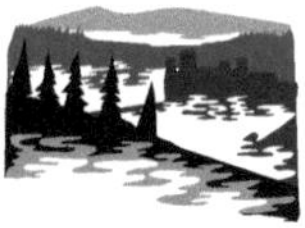

udu
....
neblina / nevoeiro

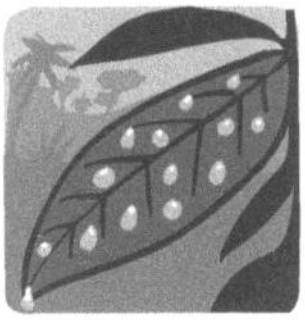

niiskus
....
humidade do ar

pikne

relâmpago

kõu

trovão

torm

tempestade

rahe

granizo

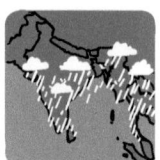

mussoon

monção

üleujutus

inundação

jää

gelo

jaanuar

janeiro

veebruar

fevereiro

märts

março

aprill

abril

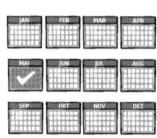

mai

maio

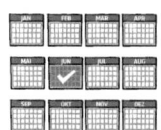

juuni

junho

juuli

julho

august

agosto

september
....
setembro

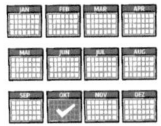

oktoober
....
outubro

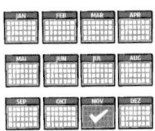

november
....
novembro

detsember
....
dezembro

kujundid
formas

ring
....
círculo

ruut
....
quadrado

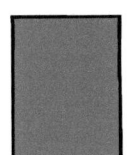

nelinurk
....
retângulo

kolmnurk
....
triângulo

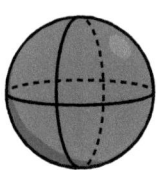

kera
....
esfera

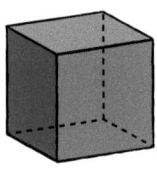

kuup
....
cubo

valge

branco

kollane

amarelo

oranž

laranja

roosa

rosa

punane

vermelho

lilla

lilás

sinine

azul

roheline

verde

pruun

castanho

hall

cinzento

must

preto

palju / vähe

muito / pouco

vihane / rahulik

furioso / calmo

ilus / inetu

lindo / feio

algus / lõpp

princípio / fim

suur / väike

grande / pequeno

hele / tume

claro / escuro

vend / õde

irmão / irmã

puhas / must

limpo / sujo

täielik / puudulik

completo / incompleto

päev / öö

dia / noite

surnud / elus

morto / vivo

lai / kitsas

largo / estreito

söödav / mittesöödav

comestível / não comestível

kuri / sõbralik

mau / gentil

põnevil / tüdinud

entusiasmado / entediado

paks / peenike

gordo / magro

esimene / viimane

primeiro / último

sõber / vaenlane

amigo / inimigo

täis / tühi

cheio / vazio

kõva / pehme

duro / macio

raske / kerge

pesado / leve

nälg / janu

fome / sede

haige / terve

doente / saudável

ebaseaduslik / seaduslik

ilegal / legal

tark / rumal

inteligente / burro

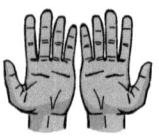

vasak / parem

esquerda / direita

lähedal / kaugel

perto / longe

uus / kasutatud

novo / usado

mitte midagi / midagi

nada / algo

vana / noor

velho / jovem

sees / väljas

ligado / desligado

lahti / kinni

aberto / fechado

vaikne / vali

baixo / alto

rikas / vaene

rico / pobre

õige / vale

certo / errado

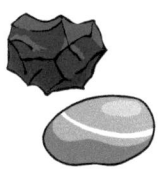

kare / sile

áspero / liso

kurb / rõõmus

triste / feliz

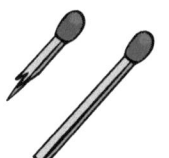

lühike / pikk

curto / longo

aeglane / kiire

lento / rápido

märg / kuiv

molhado / seco

soe / jahe

ameno / fresco

sõda / rahu

guerra / paz

0	**1**	**2**
null	üks	kaks
zero	um	dois

3	**4**	**5**
kolm	neli	viis
três	quatro	cinco

6	**7**	**8**
kuus	seitse	kaheksa
seis	sete	oito

9	**10**	**11**
üheksa	kümme	üksteist
nove	dez	onze

12

kaksteist

doze

13

kolmteist

treze

14

neliteist

catorze

15

viisteist

quinze

16

kuusteist

dezasseis

17

seitseteist

dezassete

18

kaheksateist

dezoito

19

üheksateist

dezanove

20

kakskümmend

vinte

100

sada

cem

1.000

tuhat

mil

1.000.000

miljon

milhão

numbrid - números

inglise

inglês

Ameerika inglise

inglês americano

mandariini

chinês mandarim

hindi

hindi

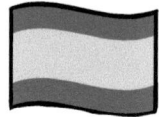

hispaania

espanhol

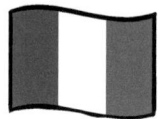

prantsuse

francês

araabia

árabe

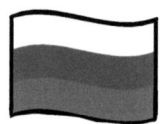

vene

russo

portugali

português

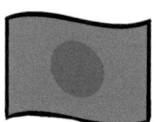

bengali

bengalês

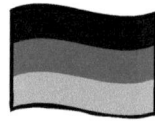

saksa

alemão

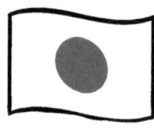

jaapani

japonês

mina

eu

sina

tu

tema

ele / ela

meie

nós

teie

vós

nemad

eles / elas

kes?

quem?

mis?

o quê?

kuidas?

como?

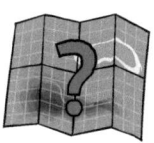

kus?

onde?

millal?

quando?

nimi

nome

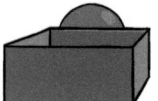

taga
....
atrás

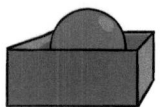

sees
....
em

ees
....
à frente de

kohal
....
sobre

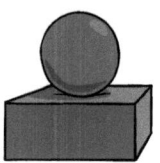

peal
....
em cima

all
....
debaixo

kõrval
....
ao lado

vahel
....
entre

koht
....
lugar